青藤少儿美术教程·唯美卡通

WEIMEI KATONG

QINGTENG SHAOER MEISHU JIAOCHENG

编著　任玉才　秦芳　李丰原

河南美术出版社
·郑州·

前言

"学画画什么年龄学什么内容？学过什么再学什么？"作为家长，这也许是您最想问的问题，同样，这也是令许多从事基础美术教育的工作者一直深感困惑的问题。

其实这个问题很简单，只要明确了思路，拥有了最合适最精准的教材，就一定能迎刃而解。本套《青藤少儿美术教程系列丛书》是继《新表现儿童画系列丛书》之后的补充，也是针对这些问题而编辑出版的。这套教材共五册，包括《趣味油画棒》、《炫彩水粉》、《创意彩铅》、《梦幻装饰》、《唯美卡通》，分别将相应的学习内容，准确地"配置"到习画孩子的不同年龄段，从而做到了"教有次序，学有步骤，层层递进，明快高效"。具体说来：油画棒适合5—6岁的孩子学，彩铅画和水粉画均适合6—8岁的孩子学，装饰画适合8—9岁的孩子学，静物、风景写生适合9—10岁的孩子学。卡通画适合10岁以上的孩子学，12岁以上则可以进行素描学习。

那么，为什么5—6岁的孩子适合学油画棒呢？这是因为油画棒的质地松软，容易上纸，而这个年龄的孩子正是骨骼发育期，不宜用太硬的材料作画。

为什么6—8岁的孩子适合学水粉画呢？因为色彩知识在今后的绘画中显得尤为重要，而这个年龄段的孩子对色彩又特别好奇和敏感，对工具的使用也能得心应手。

为什么6—8岁的孩子也适合学彩铅画呢？因为这个年龄段的孩子思维活跃，想象力丰富，用彩色铅笔做工具可以对所描绘的物体进行深入刻画。与水粉相比，彩铅注重造型，水粉注重色彩，二者可在同一个年龄段学习，互不冲突，先学哪个都可以。

为什么8—9岁的孩子适合学装饰画呢？因为装饰画是有了基础线描的训练之后才可以进行的。在此阶段，除要求大胆用线外，还要求能对物象作装饰性描述。

为什么9—10岁的孩子适合学静物、风景写生呢？因为在这一时期，经过以上几个阶段的训练后，就应该培养孩子的观察与写生能力了。

为什么到10岁以上才适合学卡通画呢？因为卡通画需要一定的造型基础，需要有一定的理解能力和创作能力。另外，这个年龄段尽管步入写实期，但仍有着孩子的习性，不能直接进行素描学习，不喜欢画卡通画的孩子可以加大他们线描写生的剂量，也就是风景写生和人物写生。

目录

第1课	五官——眼睛的画法	2
第2课	五官——嘴的画法	4
第3课	五官——鼻子和耳的画法	5
第4课	脸部特征	6
第5课	头发的画法	7
第6课	手的画法	9
Q版脚部的表现手法		10
脚与鞋的写实表现手法		10
第7课	帽子的画法	11
第8课	服装的画法	12
第9课	表情的画法	13
第10课	全身画法	14
第11课	头身的比例	16
第12课	青藤格格	17
第13课	城市小精灵	18
第14课	喵咪宝贝	19
第15课	花魁	20
第16课	梦游萤园	21
第17课	妈妈十岁	22
第18课	惊吓	23
第19课	快乐星期天	24
第20课	梦想成真	25
第21课	猫教练	26
第22课	魅力四射	27
第23课	楚汉争锋	28
第24课	T台秀	29
第25课	我是大明星	30
第26课	网球少女	31
第27课	武士	32
第28课	酷哥	33
第29课	稻草人	34
第30课	将军令	35
第31课	摇滚男孩	36
第32课	星际战士	37
第33课	秋思	38
第34课	红衣少年	39
第35课	哥俩好	40
第36课	成长	41
第37课	彩虹仙女	42
第38课	花仙子	43
第39课	楼兰公主	44
第40课	独舞者	45
第41课	白雪公主	46
第42课	风之女神	47
第43课	钻石少女	48
学生作品		49

卡通画是指用简单夸张的手法描绘的图画，与绘画、雕塑、版画、摄影、建筑并称为六大艺术门类。其分类有很多种，如按形式可分为：单幅、多幅；按色彩可分为黑白和彩色；按地域可分为：欧美卡通画、日本卡通画和中国卡通画等。其中，日本卡通画风格的作品，因其造型简洁、工序简单、用途广泛深受青少年朋友的喜爱。本书重点讲解此类卡通画的画法。

一、绘画工具与材料

专业的卡通画绘制有着一整套复杂的程序，从工具到绘制流程较为复杂，为满足青少年学习卡通画的需求，特将其去繁求简。主要的工具和材料有：

铅笔、橡皮、素描纸（或复印纸）、中性笔（或钢笔）、涂改液、彩色铅笔、水粉、水彩笔。

二、卡通画人物形象的特点

1. 眼睛大：需重点描绘。
2. 手脚简化：因手脚结构复杂，不要求以写实的手法绘制，只需画出大的感觉即可。
3. 头发、发饰、衣服变化多，可发挥想象，大胆装饰。

铅笔　　　　中性笔

 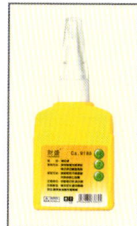   

速写本　彩色打印纸　　　涂改液　　　彩色铅笔　　　水彩笔　　　　　水粉颜料

三、色彩知识

1. 三原色：红、黄、蓝（如图一）。
2. 色彩的三要素：明度、色相、纯度。
3. 色相：指色彩的相貌，是区别色彩种类的名称。
4. 色调：两种或多种颜色组合在一起后形成的色彩倾向（如图二）。
5. 冷暖：色彩给人的冷暖，红色给人以暖的感觉，而蓝色则给人以冷的感觉（如图三）。

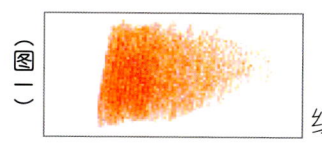 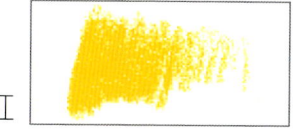 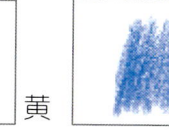

（图一）　　　　　　　　　　　　红　　　　　　黄　　　　　　蓝

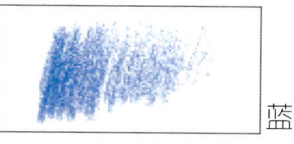 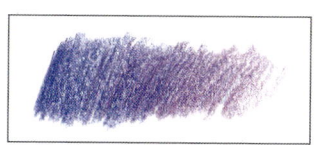

（图二）　　　　　　　　　　　　绿色调　　　　　　　　蓝色调

  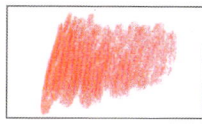  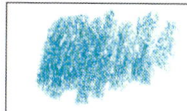 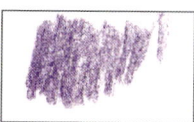

（图三）　　　　　　　　　　　　　　　　　　　暖色　　　　　　　　　　　　　　冷色

四、彩色铅笔的着色方法

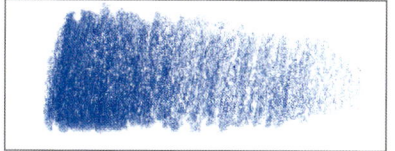  

1. 渐变法　　　　　　2. 重叠法　　　　　　3. 平涂法　　　　　　4. 点彩法

第1课 五官——眼睛的画法

一、写实的眼睛

正面　　　　　　　　　　　　　　　　侧面

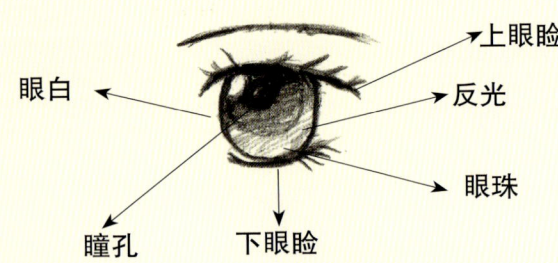
 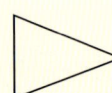

特点：
1. 上眼睑画线重些；
2. 黑眼球被上眼皮遮盖得多；
3. 眼睛形状大至为菱形。

特点：
1. 侧面眼睛为三角形；
2. 黑眼球瞳孔为长椭圆形。

二、常见卡通中的眼睛

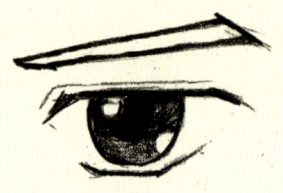

女士眼睛特点：
1. 上眼睑浓重；
2. 黑眼球大，瞳孔大；
3. 高光、反光细致、变化多；
4. 上下眼睑不合闭；
5. 不画白眼球。

男士眼睛特点：
1. 黑眼球简而小；
2. 基本不画睫毛；
3. 上下眼睑用线宜直；
4. 眼睛形状扁方。

正确画法

错误画法

原因：
不管男性还是女性，眼睛上下眼睑的延长线要能闭合

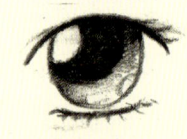
横向形眼睛
适用于中青年女性

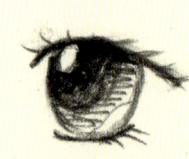 
下垂眼
适用于可爱、可怜型的女孩子

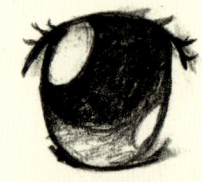
纵向形眼
适用于儿童、可爱型少女

吊角眼
适用于反面角色，有坏坏的感觉

卡通中眼睛的汇总

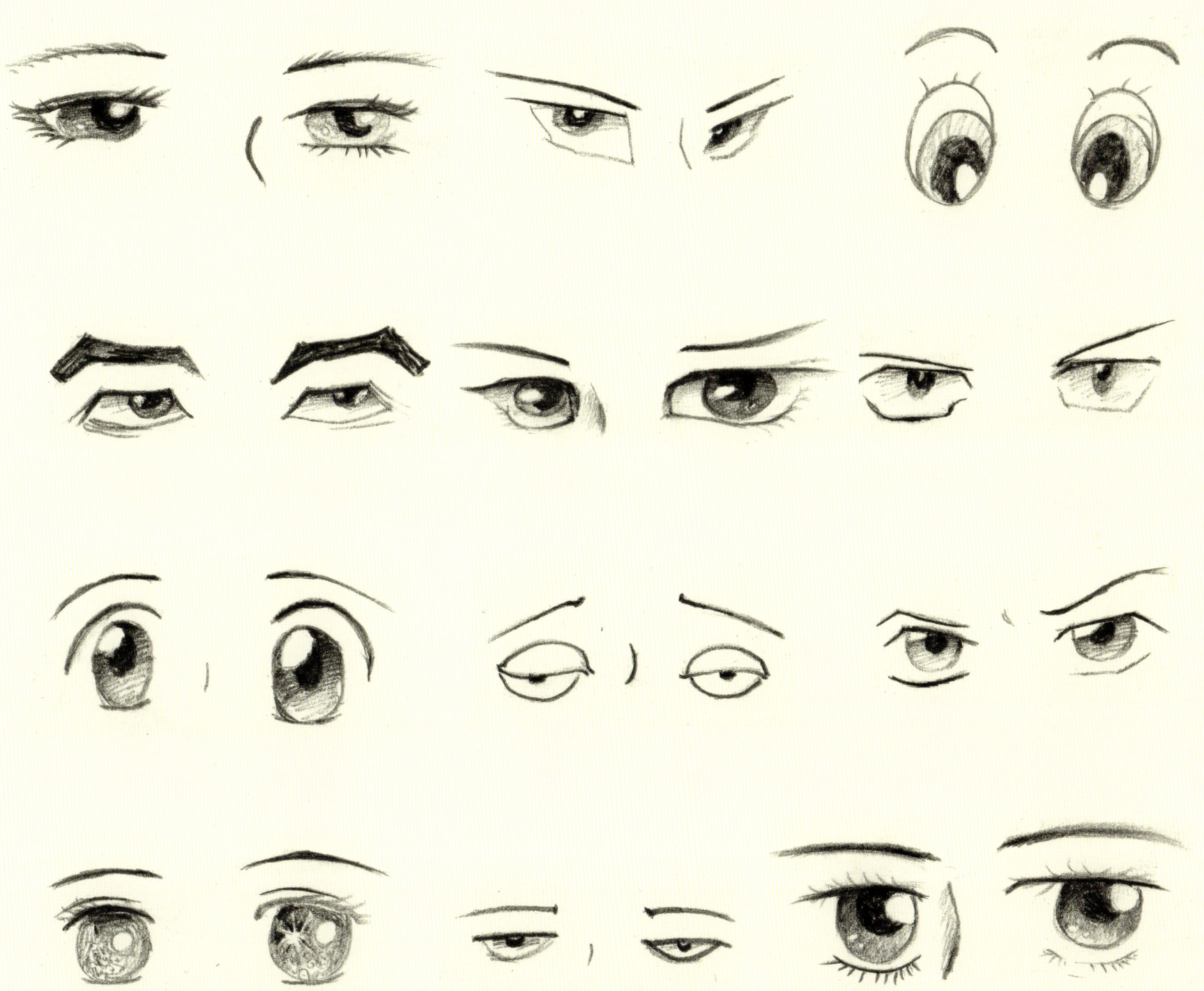

第 2 课 五官——嘴的画法

一、写实的嘴

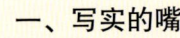
正面
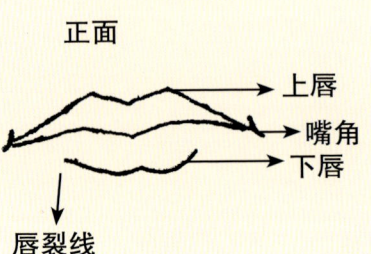
→ 上唇
→ 嘴角
→ 下唇
唇裂线

侧面
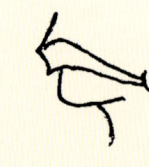
特点：上唇方，下唇圆

二、卡通中的嘴

特点：1.重点描写唇裂线，有时可加上下唇的投影；
2.张开的嘴巴一般不画出排列整齐的牙齿，只画轮廓。

卡通画中嘴的汇总

  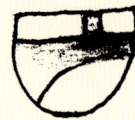  

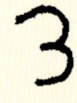  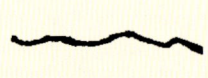  

 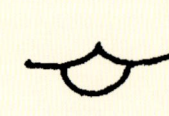 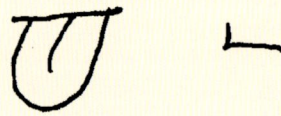  

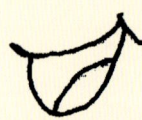 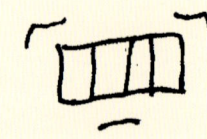   

第 3 课 五官——鼻子和耳的画法

鼻子的画法

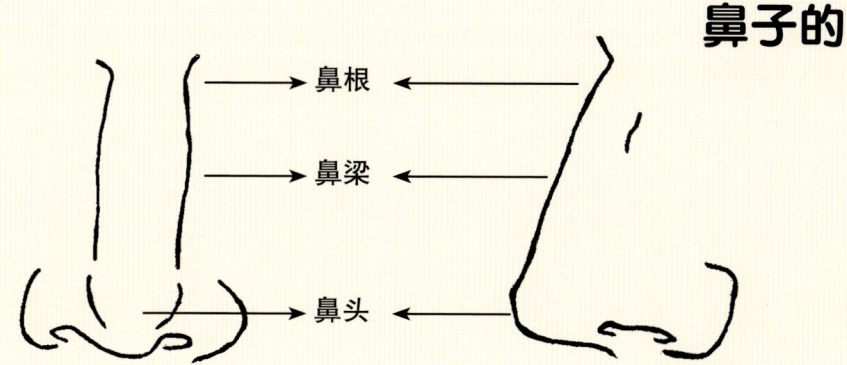

写实的鼻子
注：卡通画中鼻子的很多细节被省略，只留下一个三角体，表示鼻梁与鼻头，Q版人物中甚至可以省略不画。

卡通中常见的鼻子

耳的画法

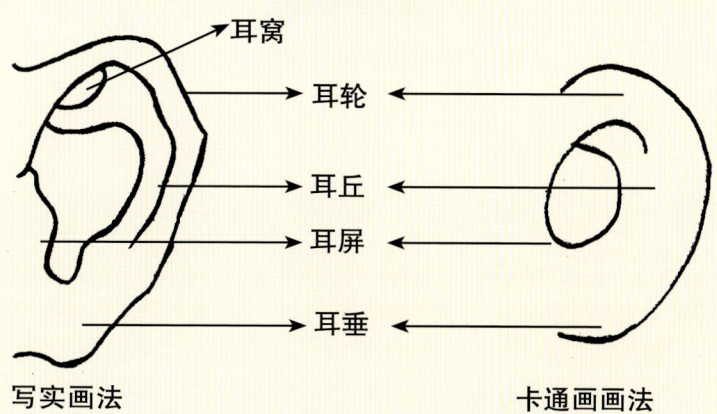

写实画法　　　　　　　　　卡通画画法

注：卡通画中的耳朵一般被头发遮盖，画出它的轮廓即可。

卡通画中常见的耳朵

第4课 脸部特征

脸型
中国传统绘画把人物的脸型合为：甲、目、申、由、国、田、风、用八种。

在卡通画中常见以下几种脸型

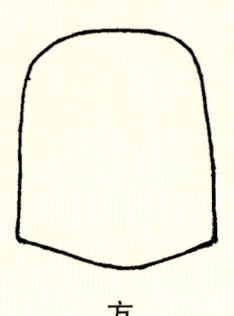 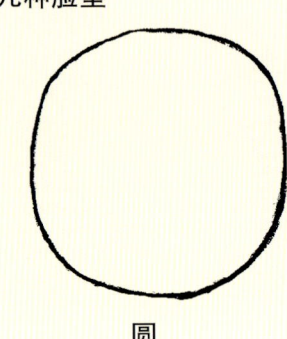 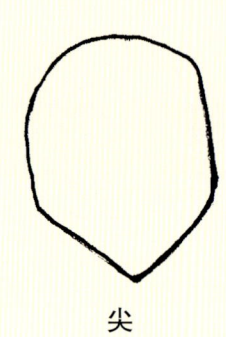 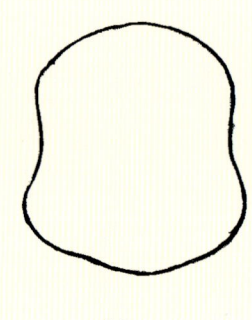 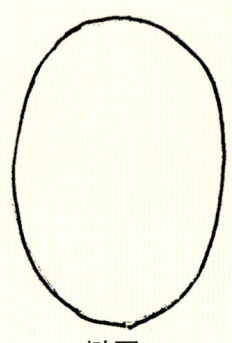

方　　　　　圆　　　　　尖　　　　　胖　　　　　椭圆

脸部画法

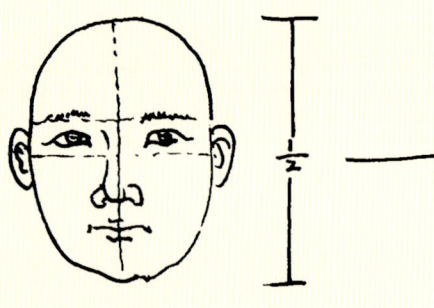

标准脸型五官比例
特点：
1. 眼一般位于脸部1/2以上的位置；
2. 耳朵位于眉毛到鼻底之间。

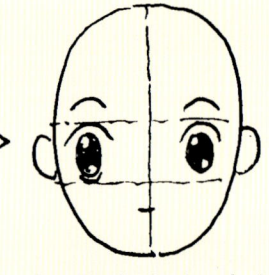

卡通画中脸型五官比例
特点：
1. 眼睛位于脸部1/2处或1/2以下；
2. 两眼之间要有一个眼睛的距离；
3. 耳朵和眼睛基本位于同一水平线上；
4. 一般适合刻画小孩子或二、三头身比例的卡通画。

仰视
眼睛、嘴向上移，下巴拉长，耳朵下移

俯视
眼睛、嘴向下移，下巴缩短，耳朵上移

斜侧面
一个眼睛大，一个眼睛小

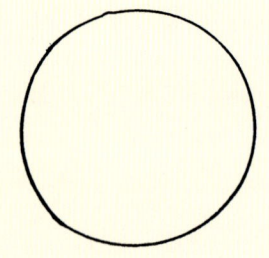 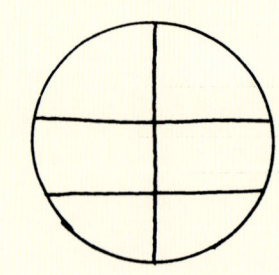  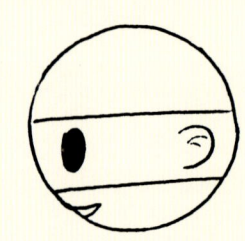

步骤1 画圆　　步骤2 画辅助线　　步骤3 加五官并调整脸型

正侧面
耳朵位于头部1/2处，眼睛为三角形

第 5 课　头发的画法

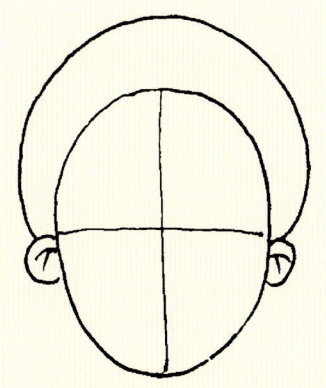

1. 绘制脸型，标出头发的厚度。

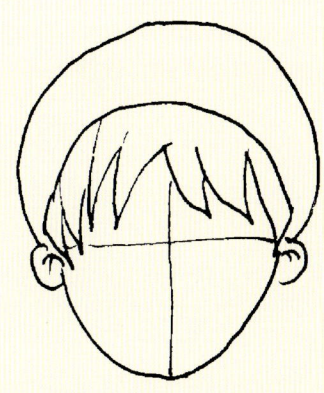

2. 画出留海（留海一般从发际线出发，稍超过眉毛较佳）。

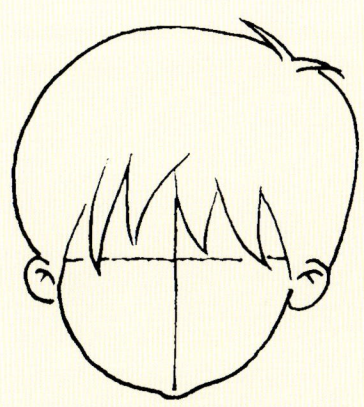

3. 画出头发，画头发时，头发要从发旋开始，顺势而下，一组一组地画，注意耳朵前后要适当画出头发。

发型的表现手法

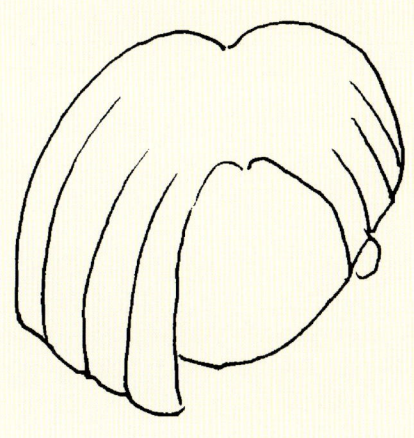

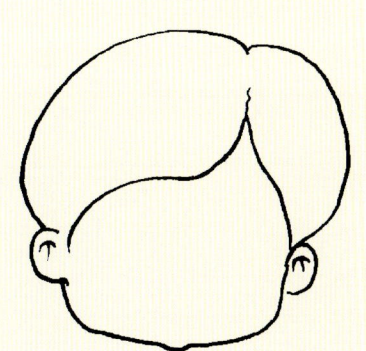

第6课　手的画法

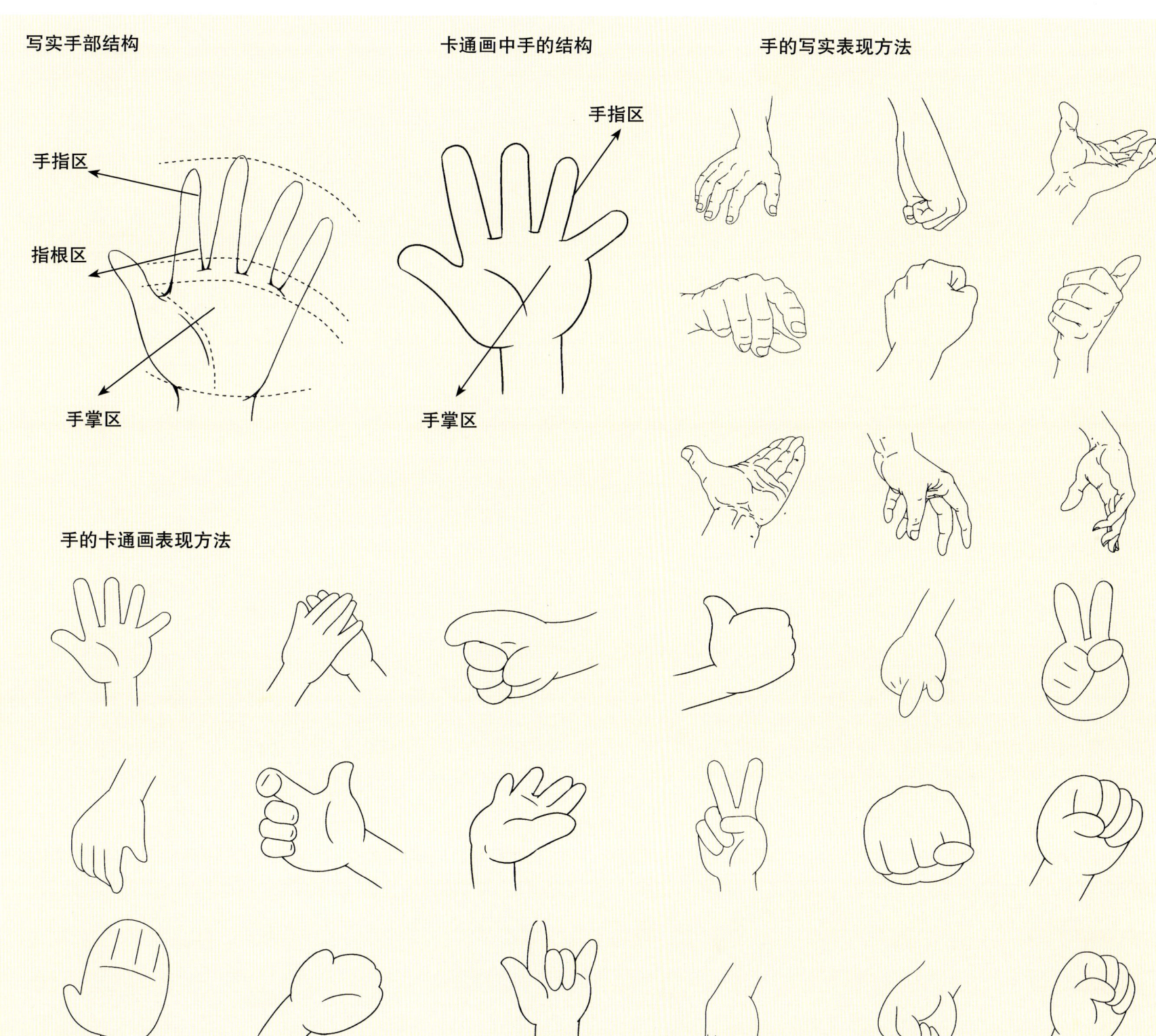

Q版脚部的表现手法

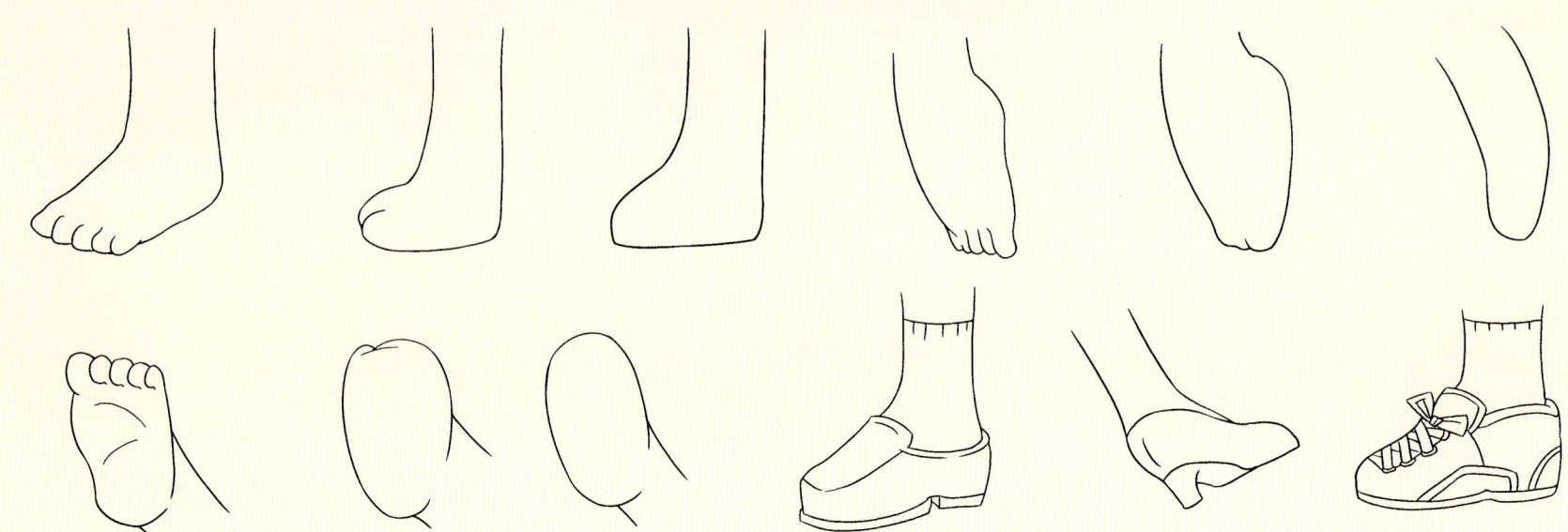

脚与鞋的写实表现手法

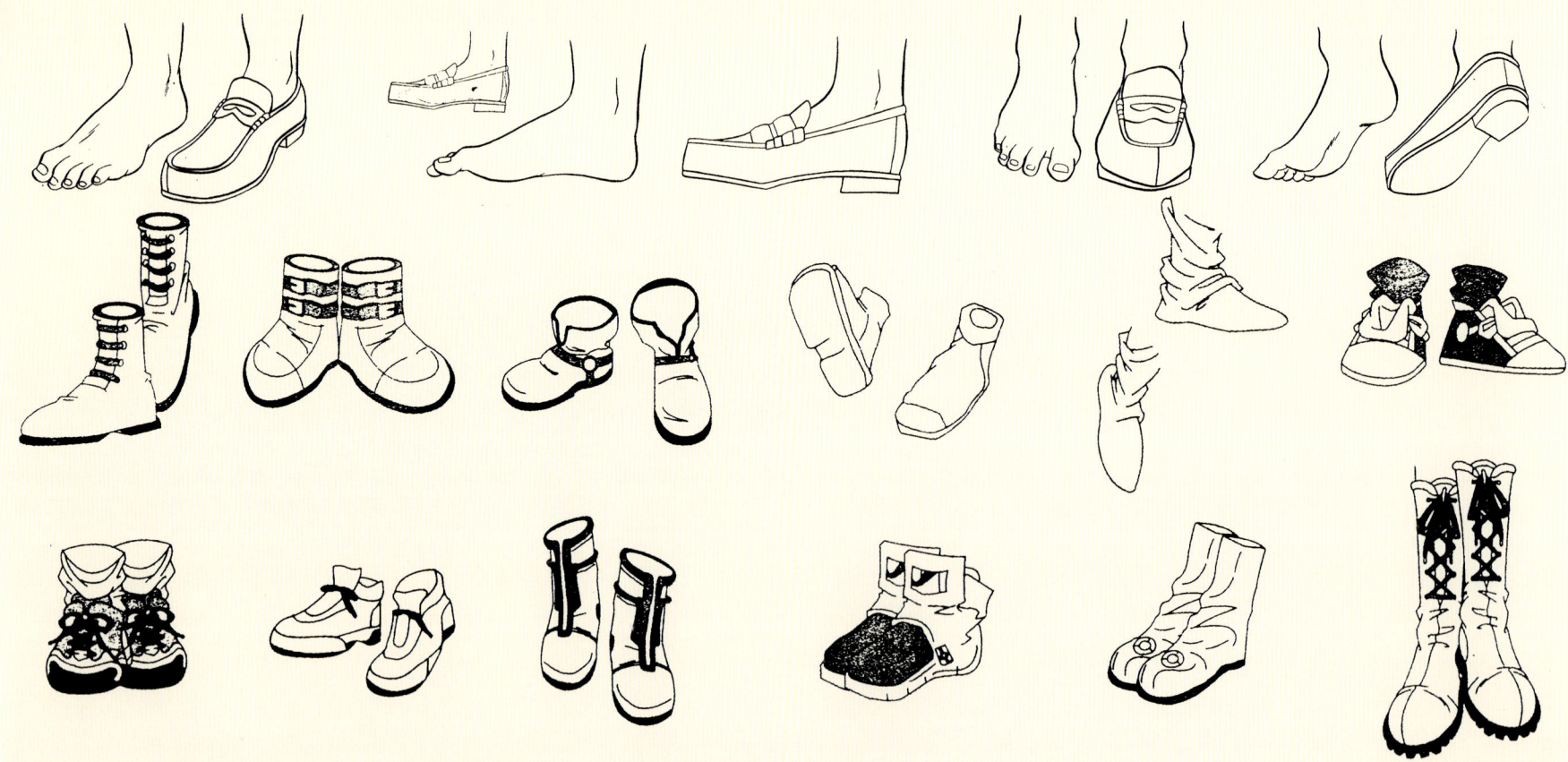

提示：
卡通画中头身越小的，画鞋时应圆些，细节减少，头身越大，细节越多，越写实。

第 7 课　发饰帽子的画法

第 8 课　服装的画法

第 9 课　表情的画法

		喜		怒		哀
眼睛的变化						
眉的变化		满足、强横		着急、生气、不服气		后悔、悲哀
嘴的变化		愉快		轻蔑冷笑		烦闷、无奈
		出乎意料		责备埋怨		痛苦、失落
		开朗		讨厌、生气		苦恼、失望
		高兴		反抗、生气		绝望、刺痛

提示：
　　表情主要依靠眉毛和嘴来表现，眉毛可以表现喜、怒、哀、乐的感情，而嘴可以通过张合的大小，表现出表情的强烈程度。在这个基础上加上汗水、泪水及不同的眼睛，可以表现更加复杂的情感。

第10课　全身画法

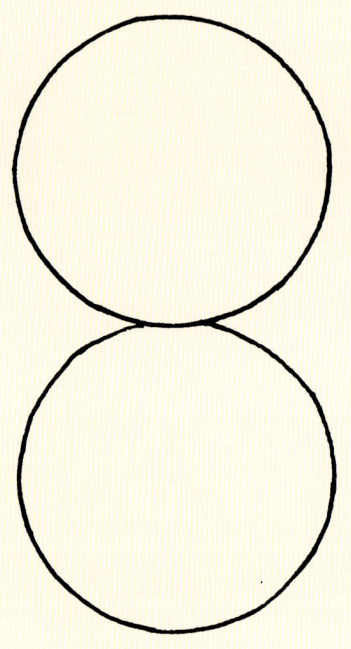

步骤1：
用自由的线画出两个圆，确定头与身体的比例。

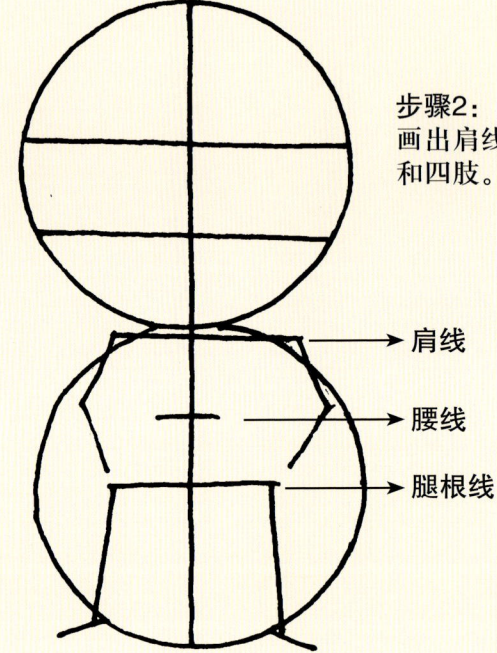

步骤2：
画出肩线、腰线、腿根线和四肢。

→ 肩线
→ 腰线
→ 腿根线

步骤3：
添加肌肉、五官。

提示：
1. 肩线直接决定了脖子的长短，二头身人物的肩较靠上，基本不画脖子，三头身以上的肩线逐渐下移。另外，可通过肩线的长度区分性别，如女生肩稍窄、圆滑，男生肩宽方。
2. 腰线位于肩和腿根之间的位置。
3. 腿根位于身体中间的位置。

步骤4：
添加衣服和头发。

人物的动态汇总

第11课　头身的比例

二头身

三头身

四头身

提示：
头身比是指头和整个身高的比例，2-4头身为可爱型，一般描绘0-6岁的孩子；
5-6头身一般适合描绘10岁左右的孩子；
7头身一般适合描绘成年人；
8-9头身为科幻或设计类人物，卡通画中少见。

第12课　青藤格格

绘画步骤

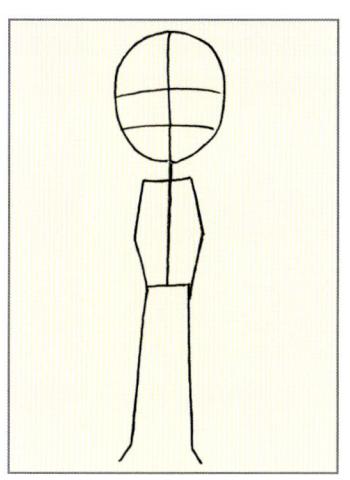
步骤一

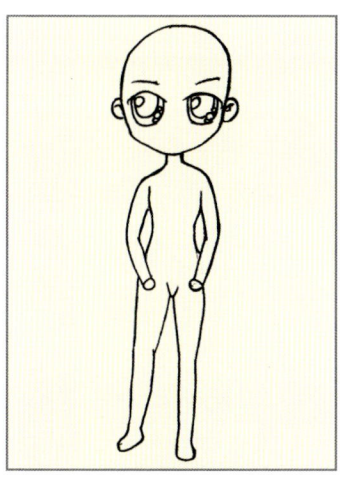
步骤二

步骤三

第13课　城市小精灵

绘画步骤

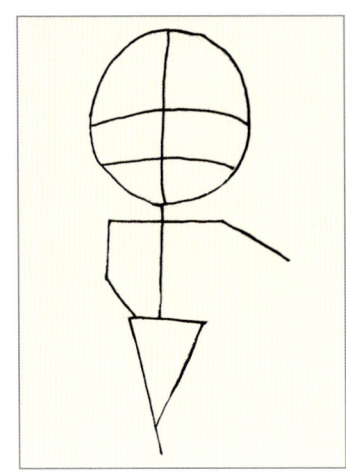
步骤一

步骤二

步骤三

第 14 课　喵咪宝贝

绘画步骤

步骤一

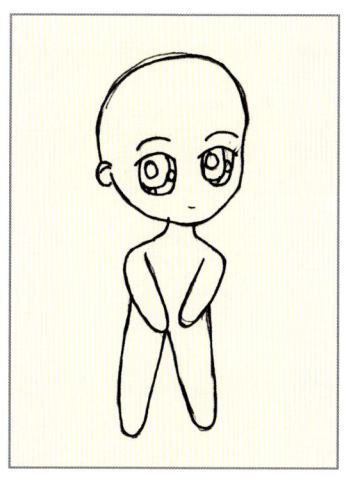

步骤二

步骤三

第15课 花魁

绘画步骤

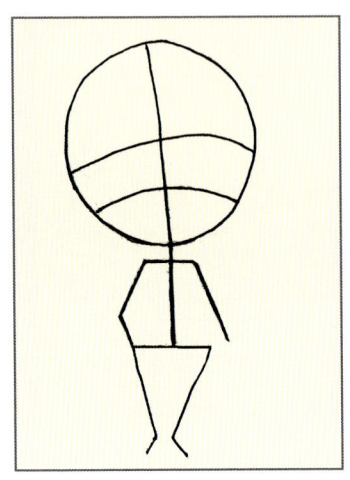
步骤一

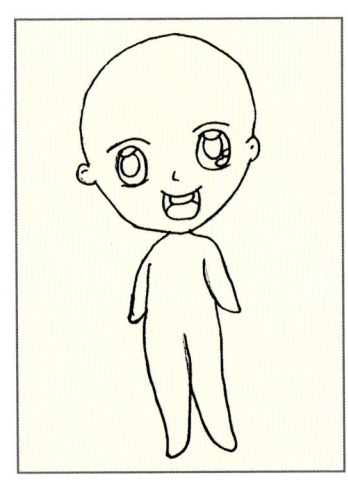
步骤二

步骤三

第16课　梦游萤园

绘画步骤

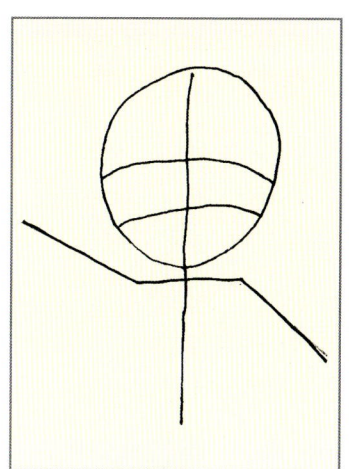
步骤一

步骤二

步骤三

青藤少儿美术教程　唯美卡通
QINGTENG SHAOER MEISHU JIAOCHENG

第17课　妈妈十岁

绘画步骤

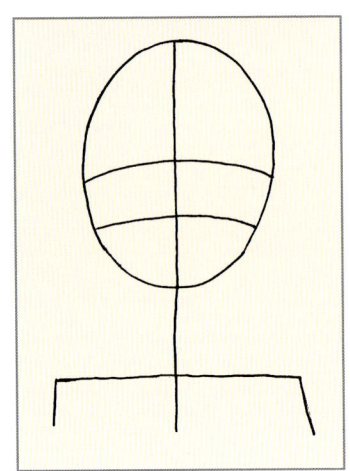
步骤一

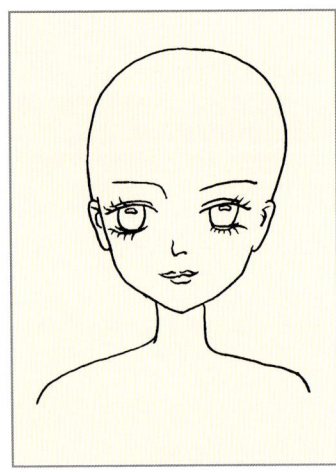
步骤二

步骤三

第18课　惊 吓

绘画步骤

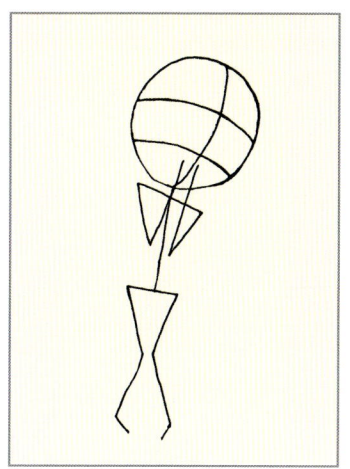
步骤一

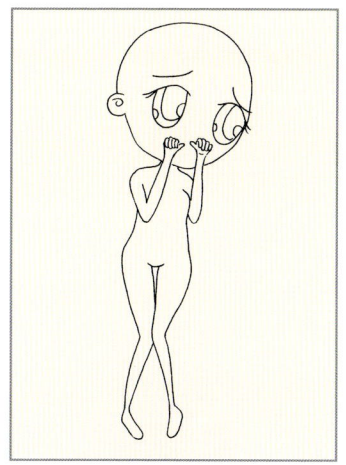
步骤二

步骤三

第19课 快乐星期天

绘画步骤

步骤一

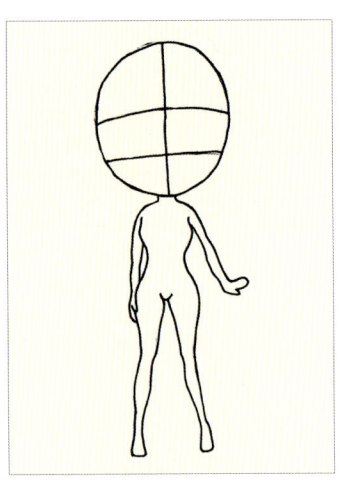
步骤二

步骤三

第20课　梦想成真

绘画步骤

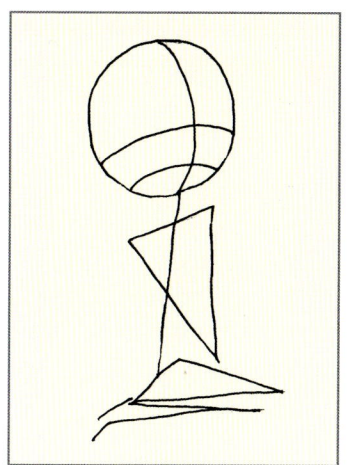

步骤一

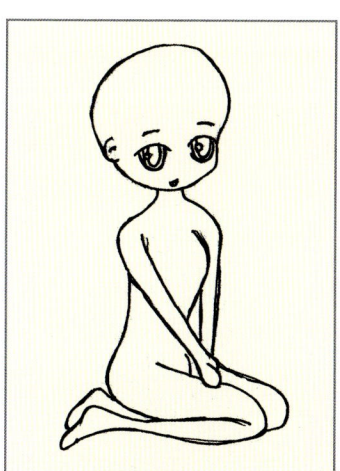

步骤二

步骤三

第21课　猫教练

绘画步骤

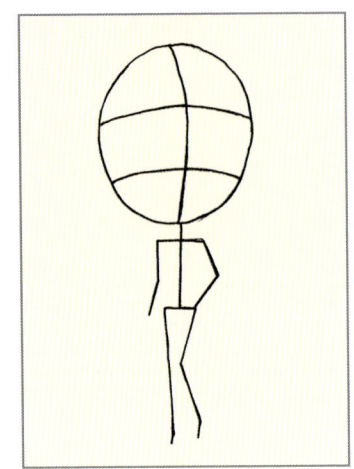
步骤一

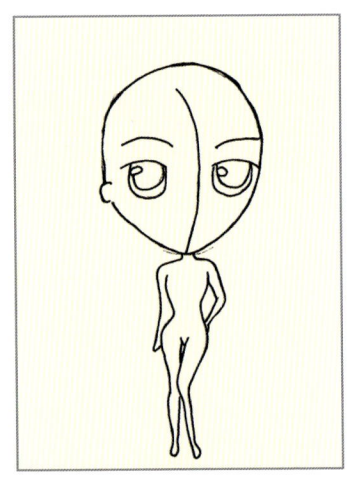
步骤二

步骤三

第22课　魅力四射

绘画步骤

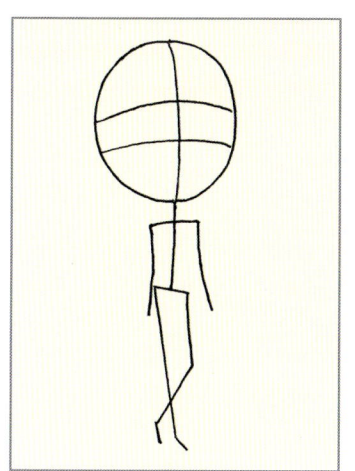

步骤一

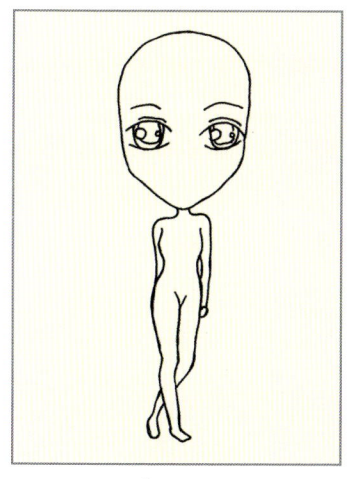

步骤二

步骤三

第23课 楚汉争锋

绘画步骤

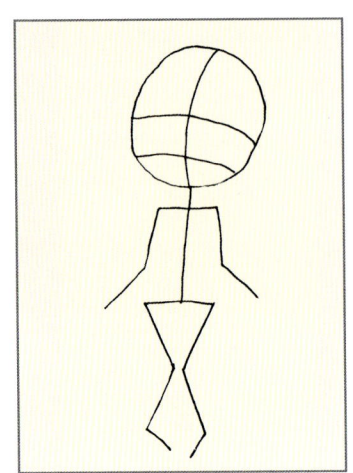

步骤一

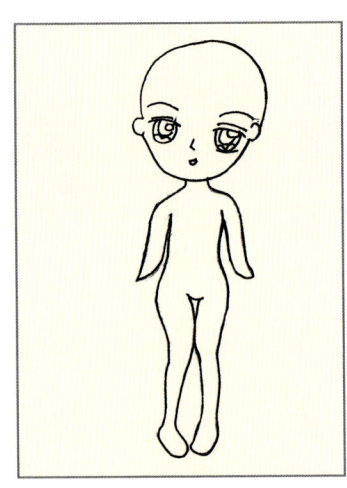

步骤二

步骤三

第24课　T台秀

绘画步骤

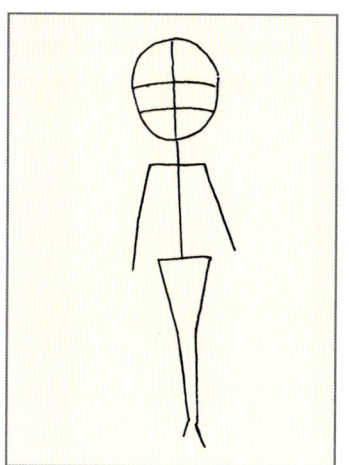
步骤一

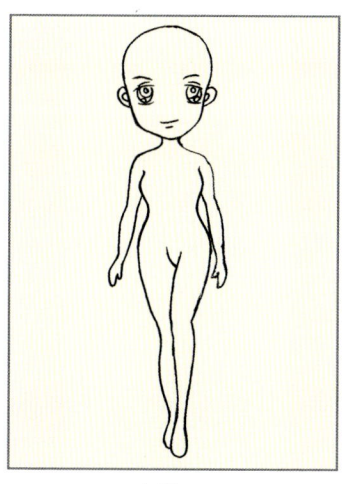
步骤二

步骤三

第25课　我是大明星

绘画步骤

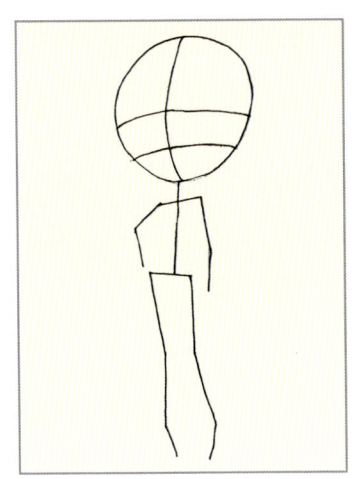
步骤一

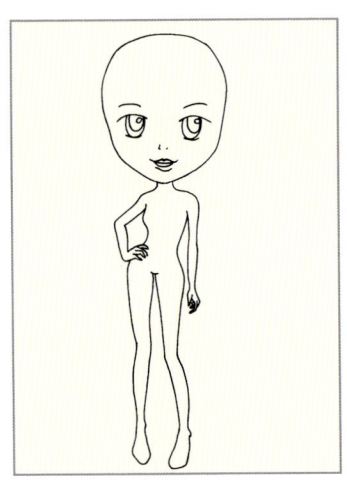
步骤二

步骤三

第26课　网球少女

绘画步骤

步骤一

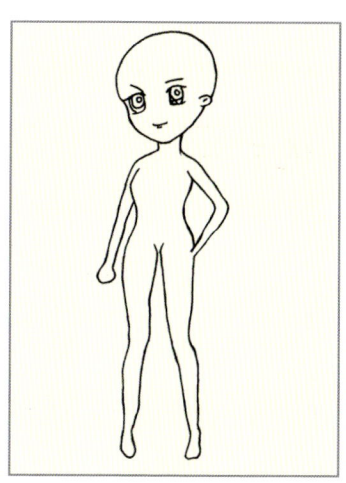
步骤二

步骤三

第27课 武士

绘画步骤

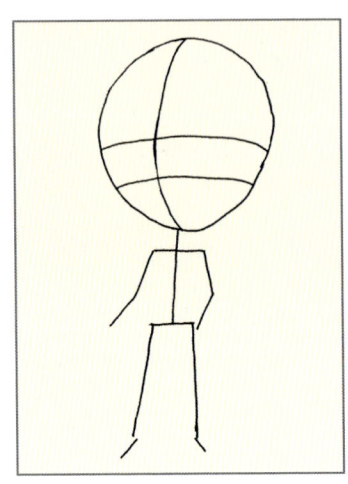
步骤一

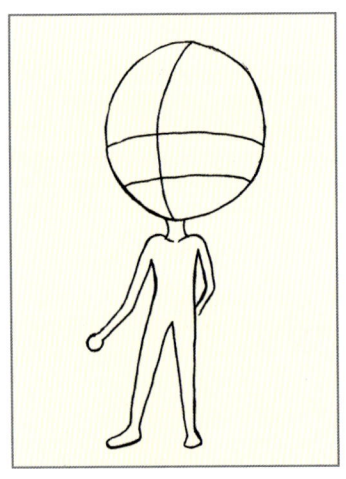
步骤二

步骤三

第28课　酷哥

绘画步骤

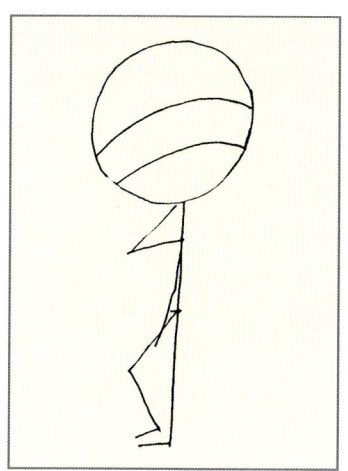
步骤一

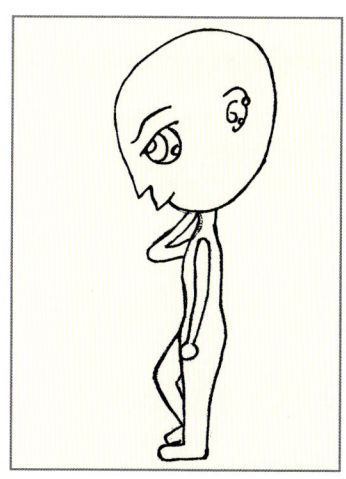
步骤二

步骤三

第29课　稻草人

绘画步骤

步骤一

步骤二

步骤三

第30课　将军令

绘画步骤

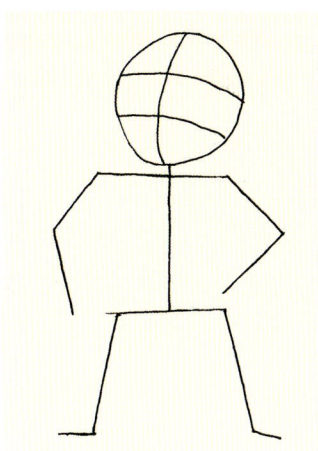
步骤一

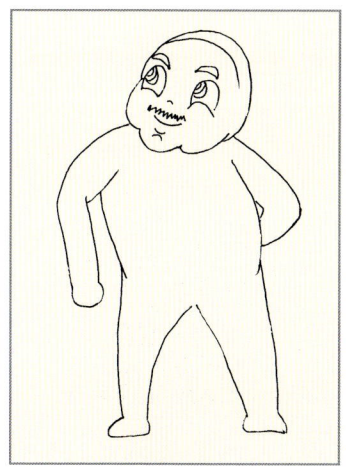
步骤二

步骤三

第31课　摇滚男孩

绘画步骤

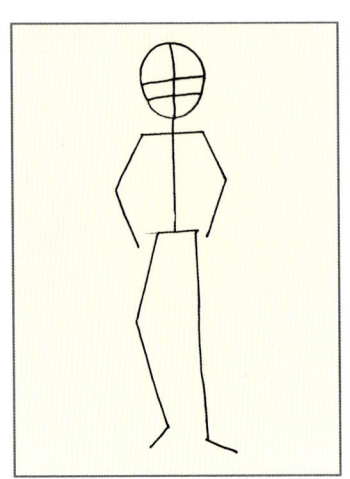
步骤一

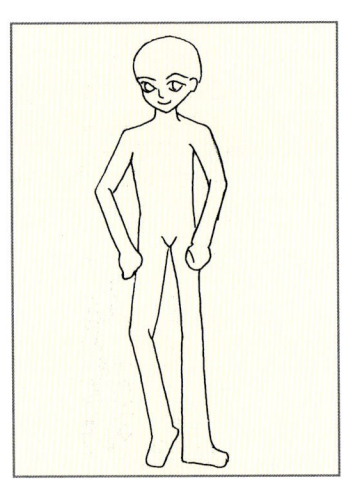
步骤二

步骤三

第32课　星际战士

绘画步骤

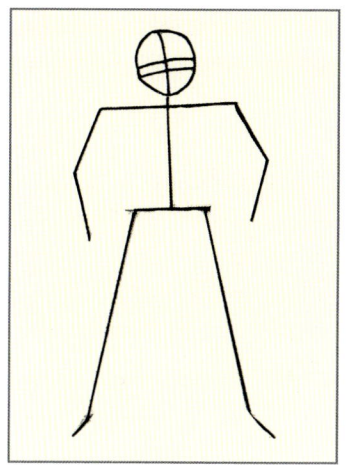

步骤一

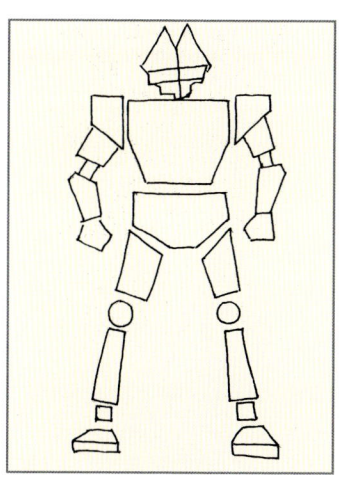

步骤二

步骤三

第33课　秋思

绘画步骤

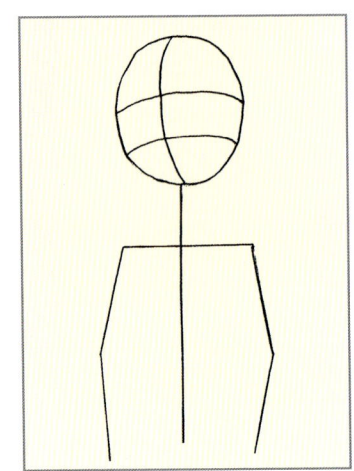
步骤一

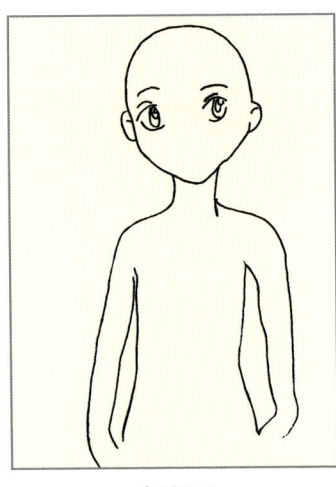
步骤二

步骤三

第34课　红衣少年

绘画步骤

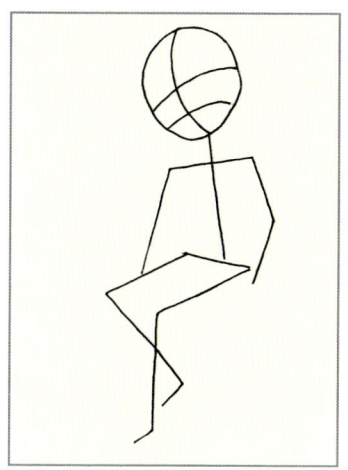
步骤一

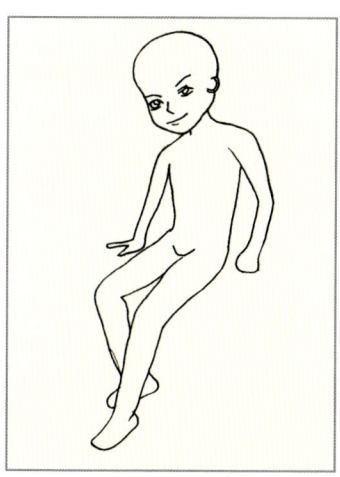
步骤二

步骤三

第35课 哥俩好

绘画步骤

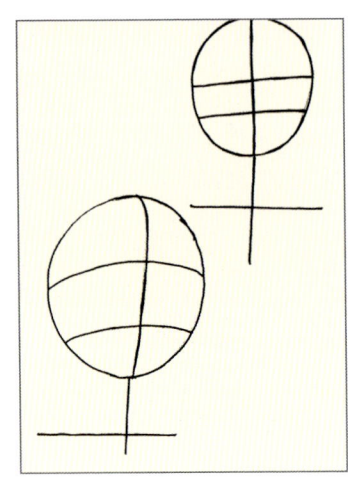
步骤一

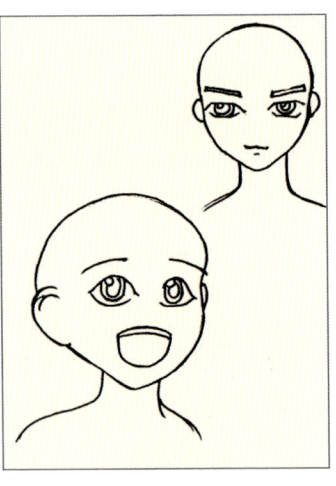
步骤二

步骤三

第36课　成长

绘画步骤

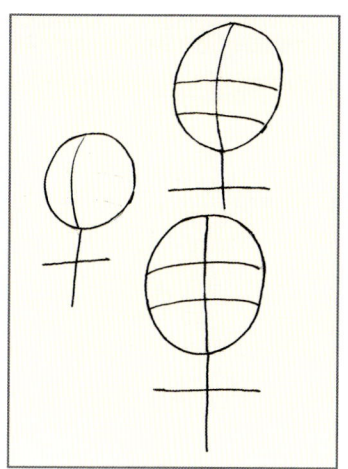
步骤一

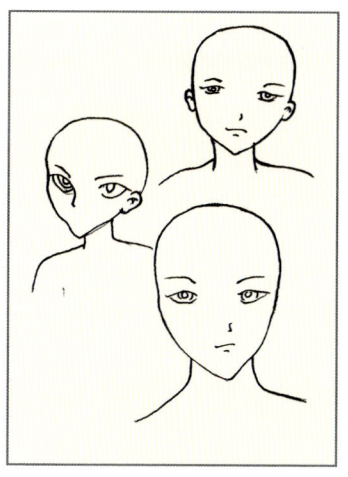
步骤二

步骤三

青藤少儿美术教程　卡通唯美
QINGTENG SHAOER MEISHU JIAOCHENG

第37课 彩虹仙女

绘画步骤

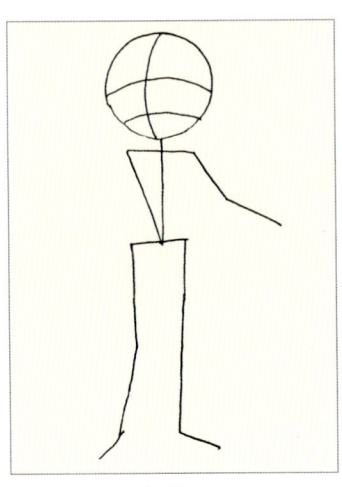
步骤一

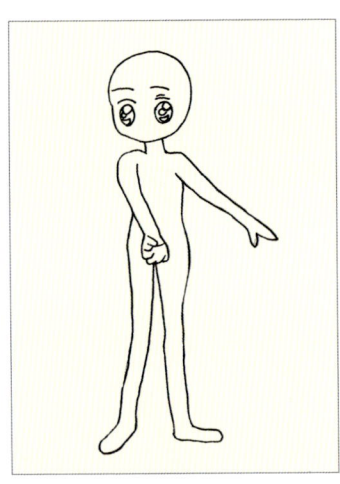
步骤二

步骤三

第38课　花仙子

绘画步骤

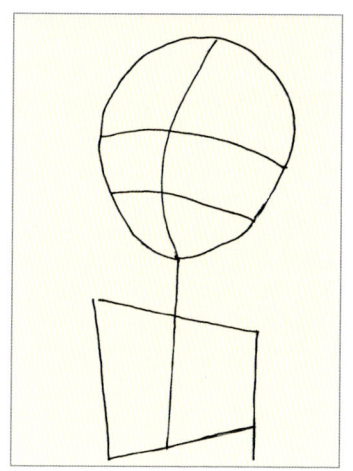
步骤一

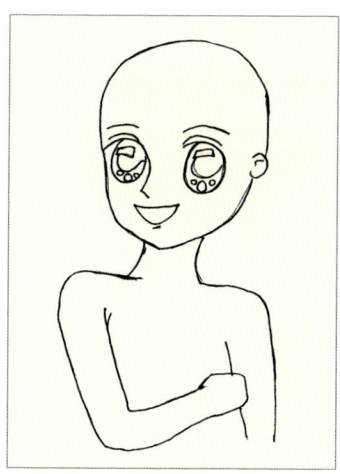
步骤二

步骤三

第39课 楼兰公主

绘画步骤

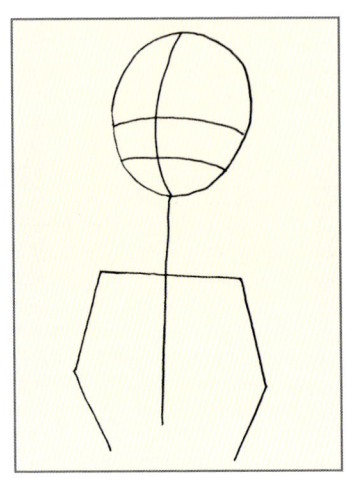
步骤一

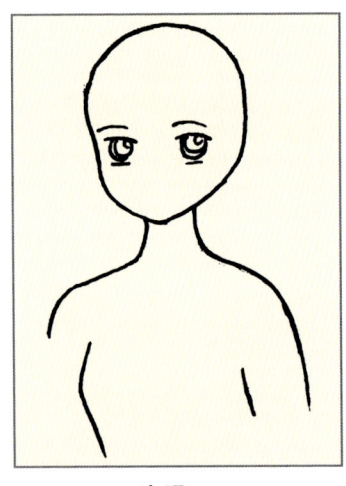
步骤二

步骤三

第40课　独舞者

绘画步骤

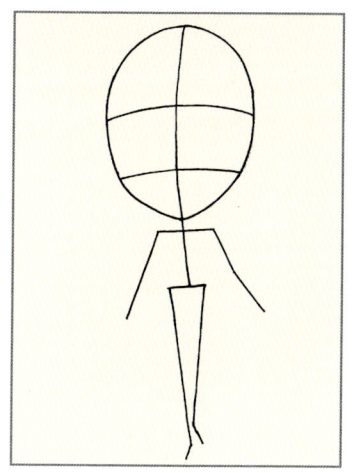
步骤一

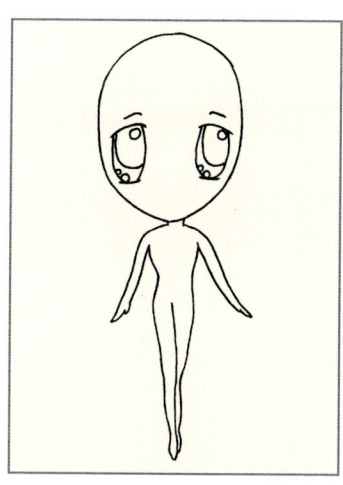
步骤二

步骤三

第41课　白雪公主

绘画步骤

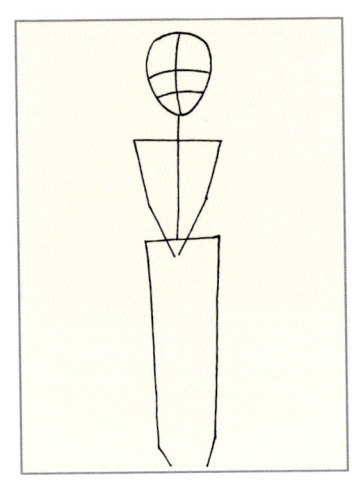
步骤一

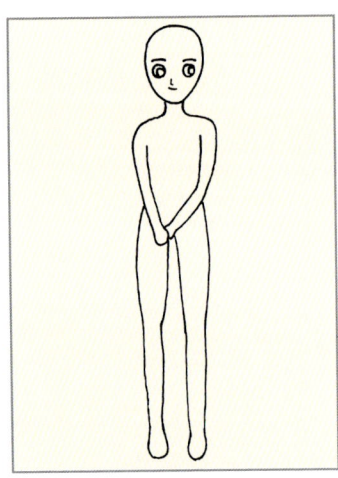
步骤二

步骤三

第42课　风之女神

绘画步骤

步骤一

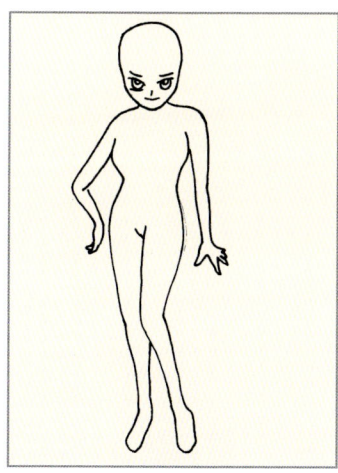

步骤二

步骤三

第43课 钻石少女

绘画步骤

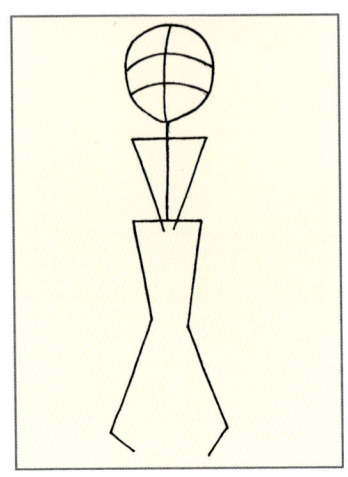
步骤一

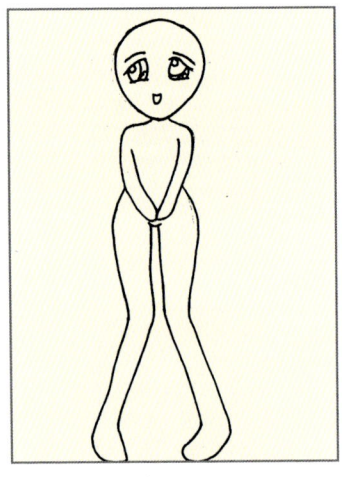
步骤二

步骤三

陈青 14岁　刘依洁 11岁　赵子仪 9岁　刘芳 15岁

青藤少儿美术教程 卡通唯美
QINGTENG SHAOER MEISHU JIAOCHENG

51

青藤人合影

"青藤人"是河南省青藤书画艺术中心注册的书画教育及图书品牌,以"在一起,做自己"的理念,坚守传统,融合创新。自成立以来,针对5—18岁的学生先后出版教程57本,具体如下:

1. "新表现儿童画系列丛书"6本,包括《快乐油画棒》《基础线描》《装饰线描》《静物写生》《风景写生》《七彩水粉》;

2. "新表现儿童国画系列丛书"3本,包括《蔬菜瓜果》《花鸟折枝》《鱼虾虫蝶》;

3. "青藤少儿美术教程"24本,包括《趣味油画棒》《创意彩铅》《炫彩水粉》《梦幻装饰》《唯美卡通》《写生动物》《写生生活》《写生自然》《装饰线描》《静物写生》《远景写生》《近景写生》《萌颜怪面》《描瓠画葫》《动漫先锋》《卡通乐园》《妙彩水粉》《动物卡卡》《人物卡卡》《生活卡卡》《手绘石头》《手绘包包》《手绘POP》《综合材料》;

4. "青藤少儿美术图库"4本,包括《动物》《人物》《自然》《生活》;

5. "青藤素描入门教程"2本,包括《几何形体》《静物》;

6. "青藤国画基础教程"2本,包括《花卉折枝》《蔬菜瓜果》;

7. "青藤色彩基础教程"2本,包括《近景水粉》《远景水粉》;

8. "青藤素描起步教程"2本,包括《几何形体》《静物》;

9. "青藤硬笔楷书视频教程"3本,包括《基本笔画》《偏旁部首》《间架结构》。

10. "青藤少儿美术视频教程"5本,包括《重彩篇》《卡通篇》《启蒙篇》《漫画篇》《装饰篇》;

11. "青藤国画视频教程"4本,包括《花卉篇》《山水篇》《鱼虫篇》《蔬果篇》。

图书在版编目(CIP)数据

唯美卡通/任玉才,秦芳,李丰原编著.—郑州:河南美术出版社,2011.11(2021.4)

(青藤少儿美术教程)

ISBN 978-7-5401-2254-6

Ⅰ.①趣… Ⅱ.①任…②秦…③李… Ⅲ.①动画—绘画技法—少儿读物 Ⅳ.①J218.7-49

中国版本图书馆CIP数据核字(2011)第205796号

扫码关注／观看
"青藤人"更多教学视频

青藤少儿美术教程·唯美卡通

编　　著:	任玉才　秦　芳　李丰原
责任编辑:	李丰原
责任校对:	李　娟
装帧设计:	杨慧芳
摄　　影:	任玉才
出版发行:	河南美术出版社
	地址:郑州市郑东新区祥盛街27号
	邮编:450000
	电话:(0371)65788152
设计制作:	河南金鼎美术设计制作有限公司
印　　刷:	河南匠心印刷有限公司
开　　本:	889毫米×1194毫米　1/12
印　　张:	5
版　　次:	2011年11月第1版
印　　次:	2021年4月第13次印刷
书　　号:	ISBN 978-7-5401-2254-6
定　　价:	28.00元